Alice Molino

Iridea

foto di Piero Buscemi

ZeroBook
2019

Titolo originario: *Iridea* / di Alice Molino

Fotografie: © Piero Buscemi. Impaginazione: ZeroBook.
Questo libro è edito da Zerobook: www.zerobook.it.
Prima edizione: maggio 2019
book a colori: **ISBN 978-88-6711-160-2**

Tutti i diritti riservati in tutti i Paesi. Questo libro è pubblicato senza scopi di lucro ed esce sotto Creative Commons Licenses. Si fa divieto di riproduzione per fini commerciali. Il testo può essere citato purché sia mantenuto il tipo di licenza, e sia avvertito l'editore o l'autore.

Font utilizzati: Alegreya, Franklin Gothic Heavy.

Controllo qualità ZeroBook: se trovi un errore, segnalacelo!
Email: zerobook@girodivite.it

Indice generale

Iridea　　　　　　7
Mi mancava　　　　9
Tormento　　　　 13
Iridea　　　　　　17
La fine d'agosto　 21
Seduti　　　　　　25
Passionale　　　　29
Amore　　　　　　35
Come sassi　　　　39
Inutile　　　　　　43
Nota di edizione　 47
Questo libro　　　 47
L'autrice　　　　　48
Il fotografo　　　　48

Mi mancava

Proprio lei, questa voglia
A terra
Con le mani fredde
Non solo le mani

Appoggiavo la schiena
Poi mi sdraiavo
Lentamente chiudevo
E aprivo gli occhi

Volontariamente
Le gambe fremevano
I capelli sciolti
Con il vento accarezzavano
Le labbra

Non ascoltavo. Niente. Nessuno
Ma gli occhi amplificavano il rumore
Le stelle illuminavano solo me
Proprio lei, questa voglia

Mancava
L'inebriante volontà di amarsi
Fino a consumarsi
Di scegliere
Da soli
Dove custodire la propria libertà.

Tormento

I soliti pensieri mi tormentavano
Continuavo a non percepire niente
Pensieri
Contorti, confusi, soliti
Non riuscivo ad ordinarli in nessun modo
All'interno del mio mondo
Si rimescolavano fra di loro
Bisognava che li leggessi ad uno ad uno
E frantumarli per non accatastarli
Esercizio complesso
Mi riportavano indietro
Non potevo
Non volevo

Un giorno
Un giorno qualsiasi
In qualsiasi momento dovevo
Ma non da sola
Qualcuno doveva essere in grado
Di capire quale lasciare ancora

Dopo i tempi della scuola

Avevo in mente numerosi obiettivi
Progetti
Sentimenti
Bisogno di innamorarmi
Cuore agitato e voglia di cambiare.
Cambiare serratura
Per donare a qualcun altro l'ennesima chiave
Ennesima fortuna

Forse mi sbaglio
Mi guardo allo specchio e piango
Sola e disperata
Come una vecchia esaltata
Squilibrata
Amareggiata.

Sono nel mondo per vivere
Anche questo momento.

Iridea

Le mani fredde
coprivano i suoi occhi
color ghiaccio
tali da trasparire
il suo amore
Sì, mi amava
dal primo tramonto,
cercava in me
ogni sfumatura
ed i suoi occhi
cambiavano colore
Mi amava
dal candido al nero
contaminato
La nostra alba
ogni giorno
ci svegliava piena
di sfumature
Ogni ora ci regalava
un nuovo colore
ed un forte brivido
Adesso

il tramonto
ci abbandona
alla sua fine.

La fine d'agosto

Con uno sguardo
Limpido e trasparente
Pieno di verità
Mi stava accanto
Silenzioso
Placando i suoi sorrisi.
La luna danzava
Su di noi
La sua luce
Rivestiva
I nostri corpi
E le sue mani
Su di me.
Mi trascinò come
Un'onda ed
Insieme
Al profumo del mare
Così passionale
Andammo oltre
A confonderci
Tra i riflessi dell'acqua
Arrivando in un profondo

più intenso.
Con le parole
Regalava estrema follia.
Amava vedermi impaurita
Sconfitta quando
Con gli occhi
Non sapevo rispondere più.
Lasciavo che le labbra
Gli svelassero le parole non dette
Non mi lasciava via d'uscita
Con le mani dondolava fra i miei tormenti
e gli immensi piaceri.
Ma non avevo paura
Lo affrontato con passione
ed estrema dolcezza
Lo guardavo con timidezza
ed euforia.
Lo amavo con l'estrema follia
che lui stesso mi regalava.

Seduti

Seduti
L'uno di fronte all'altro
Sguardi che fissavano il pavimento
Altri invece
cercavano conforto
La gente, nella stanza gelida e cupa,
piangeva silenziosamente

Qualcuno bestemmiò,
senza vergogna
Altri rimasero immobili
Anch'io rimasi immobile
accanto alla porta
Mi rifugiai nei bei ricordi.

Passionale

Quella mattina
In quel bar sconosciuto
Trasparente
Osservavo
Gli sguardi caotici della gente
Che goffamente
Entrava ed usciva.

Indossavo il solito abito
Tra i silenzi di quella mattina
Ancora fresca e pulita.
Lentamente godevo del solito caffè caldo
Sulle labbra.

Ed invece lui
Puntuale
Tralasciava ogni minimo particolare.
Lui che amava i silenzi
Pungenti e glaciali.

Aspettavo un suo sguardo.
Fu così.

Si accorse di me
Si avvicinò
Mi porse un altro caffè.
Dimenticando della diffidenza
Che gli apparteneva
Avvolse i silenzi di quella limpida mattina.

I minuti passavano velocemente
Diventando ore.
Non chiese nulla
Ma gli occhi mi sussurravano
tutto ciò che avrei voluto sentirmi dire
da molto tempo.

Il profumo mi isolava
Da ciò che mi circondava
come se mi trovassi immersa
nel luogo più affascinante ed estraneo
se non fino a quella mattina.
Inebriata ne approfittò, mi baciò.

Mi accarezzò il volto
E pronunciando
silenziosamente il nome Andrea
Mi lasciò il sapore del caffè sulle labbra.

Quella mattina diventò
calda e passionale.

Amore

A chi si illude
di aver trovato
l'amore

A chi non si accorge
di averlo accanto
probabilmente
non lo perderà mai

A chi ogni giorno
s'innamora di sé

A chi, come me,
non s'illude

A chi, come me,
non si accorge

Ogni giorno,
ogni mattina

Auguro soltanto

d'innamorarsi
dell'amore.

Come sassi

Non è facile
Trovare un equilibrio
Costante

Sempre pronti
A cercarlo
In tutto

Eppure sarebbe meglio
Abbandonare l'idea
Di equilibrio

Provare come un fiume
A scorrere veloce
Bagnando ogni emozione

Provando a gettare
Via gli errori
Come sassi.

Inutile

Inutile guardarsi
Tramite gli altri
Probabilmente noi
Dipinti più scuri
Lontani da ciò che siamo

Inutile abbandonarsi
In un corpo ancora freddo
Ma euforico
Pensante
Per quello che lo aspetterà

Non è inutile
Raccontarsi
Guardarsi
E abbandonarsi
Il nostro corpo
Già infiammato
Attende qualcosa
Di nuovo
Dentro noi

Inutili dirsi inutili
Inutile esplorare spazi
Già conosciuti
Sfiorare
Ciò che è stato
Più volte lacerato
Senza fretta

Guardarsi in giro
Guardare altrove
Guardarsi dentro
Fino a chiedersi
Come sia stato
Possibile iniziare
A farci uscire
Dal nostro cuore.

Nota di edizione

La poesia *Inutile* (p. 43) è stata scritta a quattro mani da Alice Molino e Simone Carta. Le fotografie di Piero Buscemi: *Una stella a capodanno* (Furci Siculo), copertina - *Lanterna magica* (Santa Teresa di Riva) p. 11 - *Il disegno sul tavolo* (Marzamemi) p. 15 - *Iridea* (Riviera Jonica messinese) p.19 - *Come un quadro* (Isolotto Brancati, Marzamemi) p. 23 - *Cavalli fumanti* (Giardini Naxos) p. 27 - *Teatro* (Taormina) p. 33 - *Infanzia sgretolata* (Nizza di Sicilia) p. 37 - *Pietre* (Scaletta Zanclea) p.41.

Questo libro

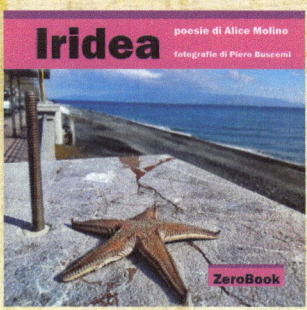

L'inconsueto incontro tra due forme d'arte, apparentemente contrastanti. La poesia, eccelsa divagazione della voce e del respiro, da interpretare ed assorbire con le personali emozioni. La fotografia, che cattura l'anima con le immagini, dove la sensibilità dell'osservatore crea i versi del proprio specchio interiore. Alice Molino scava nel proprio vissuto per donarlo ai suoi interlocutori. Coloro che, solo avendo il coraggio di mostrarsi nell'interezza delle loro debolezze, potranno nutrirsi di questi versi che riescono a tingere ed a colorare le immagini a corredo di Piero Buscemi. Ognuno con la propria fantasia... iridea.

L'Autrice

Alice Molino è nata nel 1993 a Messina. Appassionata di libri e di tutto quanto sta attorno all'arte della comunicazione scritta, sin da piccola si è cimentata nella scrittura, in modo particolare la poesia. Dopo aver conseguito il Diploma al Liceo Psicopedagogico, si iscrive all'Università di Messina in Pedagogia dell'Infanzia. Amante spassionata di viaggi, attratta da tutto ciò che da oltre confine viene offerto alla sua fervida fantasia e voglia di evasione. Iridea è il suo libro d'esordio.

Il fotografo

Piero Buscemi è nato a Torino nel 1965. Redattore del periodico online www.girodivite.it, ha pubblicato : "Passato, presente e futuro" (1998), "Ossidiana" (2001, 2013), "Apologia di pensiero" (2001), "Querelle" (2004), L'isola dei cani (2008, ZeroBook 2016), "Cucunci" (2011), "L'ombra del mare" (2017, edito da Bibliotheka). Ha curato l'antologia di poesie Accanto ad un bicchiere di vino (ZeroBook 2016); e le antologie di articoli di vari autori pubblicati su Girodivite: Parole rubate (2017), Celluloide (2017). Vincitore di diversi premi letterari, alcuni suoi racconti e poesie sono contenuti in alcune antologie nazionali. Il romanzo "Querelle" è stato tradotto in inglese e pubblicato dalla Pulpbits Press (Stati Uniti). È tra i fondatori dell'Associazione culturale "Aromi Letterari" di Messina. Sostenitore Emergency, collabora con l'Avis (donatori sangue) ed è promotore delle iniziative di ActionAid Italia.

Le edizioni ZeroBook

Le edizioni ZeroBook nascono nel 2003 a fianco delle attività di www.girodivite.it. Il claim è: "un'altra editoria è possibile". ZeroBook è una piccola casa editrice attiva soprattutto (ma non solo) nel campo dell'editoriale digitale e nella libera circolazione dei saperi e delle conoscenze.
Quanti sono interessati, possono contattarci via email: zerobook@girodivite.it
O visitare le pagine su: https://www.girodivite.it/-ZeroBook-.html

Ultimi volumi:
La diaspora democristiana / di Ferdinando Leonzio (ISBN 978-88-6711-157-2)
Emma Swan e l'eredità di Adele Filò / di Simona Urso (ISBN 978-88-6711-153-4)
Otello Marilli / di Ferdinando Leonzio (ISBN 978-88-6711-155-8)
Dizionario politico-sociale di Nova Milanese : Passato e presente / Adriano Todaro (ISBN 978-88-6711-151-0)
Autobianchi : vita e morte di una fabbrica / di Adriano Todaro prefazione di Diego Novelli (ISBN 978-88-6711-141-1)
Sei parole sui fumetti / di Ferdinando Leonzio (ISBN 978-88-6711-139-8)
Sotto perlaceo cielo : mito e memoria nell'opera di Francesco Pennisi / di Luca Boggio (ISBN 978-88-6711-129-9)
Celluloide : storie personaggi recensioni e curiosità cinematografiche / a cura di Piero Buscemi (ISBN 978-88-6711-123-7)
Accanto ad un bicchiere di vino : antologia della poesia da Li Po a Rino Gaetano / a cura di Piero Buscemi (ISBN 978-88-6711-107-7, 978-88-6711-108-4)
Il cronoWeb / a cura di Sergio Failla (ISBN 978-88-6711-097-1)
L'isola dei cani / di Piero Buscemi (ISBN 978-88-6711-037-7)

Saggistica:
I Sessantotto di Sicilia / Pina La Villa, Sergio Failla (ISBN 978-88-6711-067-4)

Il Sessantotto dei giovani leoni / Sergio Failla (ISBN 978-88-6711-069-8)
Antenati: per una storia delle letterature europee: volume primo: dalle origini al Trecento / di Sandro Letta (ISBN 978-88-6711-101-5)
Antenati: per una storia delle letterature europee: volume secondo: dal Quattrocento all'Ottocento / di Sandro Letta (ISBN 978-88-6711-103-9)
Antenati: per una storia delle letterature europee: volume terzo: dal Novecento al Ventunesimo secolo / di Sandro Letta (ISBN 978-88-6711-105-3)
Il cronoWeb / a cura di Sergio Failla (ISBN 978-88-6711-097-1)
Il prima e il Mentre del Web / di Victor Kusak (ISBN 978-88-6711-098-8)
Col volto reclinato sulla sinistra / di Orazio Leotta (ISBN 978-88-6711-023-0)
Il torto del recensore / di Victor Kusak (ISBN 978-6711-051-3)
Elle come leggere / di Pina La Villa (ISBN 978-88-6711-029-2
Segnali di fumo / di Pina La Villa (ISBN 978-88-6711-035-3)
Musica rebelde / di Victor Kusak (ISBN 978-88-6711-025-4)
Il design negli anni Sessanta / di Barbara Failla
Maledetti toscani / di Sandro Letta (ISBN 978-88-6711-053-7)
Socrate al caffé / di Pina La Villa (ISBN 978-88-6711-027-8)
Le tre persone di Pier Vittorio Tondelli / di Alessandra L. Ximenes (ISBN 978-88-6711-047-6)
Del mondo come presenza / di Maria Carla Cunsolo (ISBN 978-88-6711-017-9)
Stanislavskij: il sistema della verità e della menzogna / di Barbara Failla (ISBN 978-88-6711-021-6)
Quando informazione è partecipazione? / di Lorenzo Misuraca (ISBN 978-88-6711-041-4)
L'isola che naviga: per una storia del web in Sicilia / di Sergio Failla
Lo snodo della rete / di Tano Rizza (ISBN 978-88-6711-033-9)
Comunicazioni sonore / di Tano Rizza (ISBN 978-88-6711-013-1)
Radio Alice, Bologna 1977 / di Lorenzo Misuraca (ISBN 978-88-6711-043-8)
L'intelligenza collettiva di Pierre Lévy / di Tano Rizza (ISBN 978-88-6711-031-5)
I ragazzi sono in giro / a cura di Sergio Failla (ISBN 978-88-6711-011-7)
Proverbi siciliani / a cura di Fabio Pulvirenti (ISBN 978-88-6711-015-5)
Parole rubate / redazione Girodivite-ZeroBook (ISBN 978-88-6711-109-1)

Accanto ad un bicchiere di vino : antologia della poesia da Li Po a Rino Gaetano / a cura di Piero Buscemi (ISBN 978-88-6711-107-7, 978-88-6711-108-4)
Neuroni in fuga / Adriano Todaro (ISBN 978-88-6711-111-4)
Celluloide : storie personaggi recensioni e curiosità cinematografiche / a cura di Piero Buscemi (ISBN 978-88-6711-123-7)
Sotto perlaceo cielo : mito e memoria nell'opera di Francesco Pennisi / di Luca Boggio (ISBN 978-88-6711-129-9)
Per una bibliografia sul Settantasette / Marta F. Di Stefano (ISBN 978-88-6711-131-2)
Iolanda Crimi : un libro, una storia, la Storia / di Pina La Villa (ISBN 978-88-6711-135-0)
Autobianchi : vita e morte di una fabbrica / di Adriano Todaro prefazione di Diego Novelli (ISBN 978-88-6711-141-1)
Dizionario politico-sociale di Nova Milanese : Passato e presente / Adriano Todaro (ISBN 978-88-6711-151-0)

Narrativa:
L'isola dei cani / di Piero Buscemi (ISBN 978-88-6711-037-7)
L'anno delle tredici lune / di Sandro Letta (ISBN 978-88-6711-019-3)
Emma Swan e l'eredità di Adele Filò / di Simona Urso (ISBN 978-88-6711-153-4)

Poesia:
l libro dei piccoli rifiuti molesti / di Victor Kusak (ISBN 978-88-6711-063-6)
L'isola ed altre catastrofi (2000-2010) di Sandro Letta (ISBN 978-88-6711-059-9)
La mancanza dei frigoriferi (1996-1997) / di Sergio Failla (ISBN 978-88-6711-057-5)
Stanze d'uomini e sole (1986-1996) / di Sergio Failla (ISBN 978-88-6711-039-

1)
Fragma (1978-1983) / di Sergio Failla (ISBN 978-88-6711-093-3)
Raccolta differenziata n°5 : poesie 2016-2018 / di Victor Kusak (ISBN 978-88-6711-149-7)

Libri fotografici:
I ragni di Praha / di Sergio Failla (ISBN 978-88-6711-049-0)
Transiti / di Victor Kusak (ISBN 978-88-6711-055-1)
Ventimetri / di Victor Kusak (ISBN 978-88-6711-095-7)
Visioni d'Europa / di Benjamin Mino, 3 volumi (ISBN 978-88-6711-143_8)

Opere di Ferdinando Leonzio:
Una storia socialista : Lentini 1956-2000 / di Ferdinando Leonzio (ISBN 978-88-6711-125-1)
Lentini 1892-1956 : Vicende politiche / di Ferdinando Leonzio (ISBN 978-88-6711-138-1)
Segretari e leader del socialismo italiano / di Ferdinando Leonzio (ISBN 978-88-6711-113-8)
Breve storia della socialdemocrazia slovacca / di Ferdinando Leonzio (ISBN 978-88-6711-115-2)
Donne del socialismo / di Ferdinando Leonzio (ISBN 978-88-6711-117-6)
La diaspora del socialismo italiano / di Ferdinando Leonzio (ISBN 978-88-6711-119-0)
Cento gocce di vita / di Ferdinando Leonzio (ISBN 978-88-6711-121-3)
La diaspora del comunismo italiano / di Ferdinando Leonzio (ISBN 978-88-6711-127-5)
Sei parole sui fumetti / di Ferdinando Leonzio (ISBN 978-88-6711-139-8)
Otello Marilli / di Ferdinando Leonzio (ISBN 978-88-6711-155-8)
La diaspora democristiana / di Ferdinando Leonzio (ISBN 978-88-6711-157-2)

Parole rubate:
Scritti per Gianni Giuffrida: La nuova gestione unitaria dell'attività ispettiva: L'Ispettorato Nazionale del Lavoro / di Cristina Giuffrida (ISBN 978-88-6711-133-6)

Cataloghi:
ZeroBook: catalogo dei libri e delle idee 2018
ZeroBook: catalogo dei libri e delle idee 2017
ZeroBook: catalogo dei libri e delle idee 2016
ZeroBook: catalogo dei libri e delle idee 2015
ZeroBook: catalogo dei libri e delle idee 2012
Catalogo ZeroBook 2007
Catalogo ZeroBook 2006

Riviste:
Post/teca, antologia del meglio e del peggio del web italiano
ISSN 2282-2437
https://www.girodivite.it/-Post-teca-.html

Girodivite, segnali dalle città invisibili
ISSN 1970-7061
https://www.girodivite.it
https://www.girodivite.it

ZeroBook catalogo delle idee e dei libri
bimestrale
https://www.girodivite.it/-ZeroBook-free-catalogo-puoi-.html

www.ingramcontent.com/pod-product-compliance
Lightning Source LLC
Chambersburg PA
CBHW042014150426
43196CB00002B/40